Introdução:

A Barbie é uma boneca icônica que tem encantado crianças em todo o mundo por mais de 60 anos. Mas como ela se tornou uma febre mundial?

A história da Barbie começa em 1959, quando ela foi criada por Ruth Handler, co-fundadora da empresa de brinquedos Mattel. Ruth percebeu que sua filha Barbara gostava de brincar com bonecas de papel que representavam mulheres adultas e decidiu criar uma boneca tridimensional que pudesse ser vestida com roupas da moda. Assim nasceu a Barbie, cujo nome completo é Barbara Millicent Roberts.

A aparência física da Barbie foi modelada a partir da boneca alemã Bild Lilli, um presente de brincadeira para homens baseado em um personagem de desenho animado do jornal Bild Zeitung. Desde o início, o corpo da boneca gerou controvérsia. Mães em um estudo de mercado patrocinado pela Mattel em 1958 criticaram a Barbie por ter “muito corpo”. No entanto, a Mattel contornou esse problema anunciando a Barbie diretamente para as crianças através da televisão.

Em resposta à demanda do consumidor, em 1961 a Mattel lançou o namorado da Barbie, Ken. Em 1963, foi adicionada a melhor amiga da Barbie, Midge, e em 1964, sua irmãzinha, Skipper. Em 1968, a Barbie já tinha “amigas” de cor, mas somente em 1980 a própria boneca foi lançada em uma versão afro-americana.

Desde os anos 70, a Barbie tem sido criticada por materialismo (acumulando carros, casas e roupas) e proporções corporais irreais. No entanto, apesar dessas críticas, a Barbie continua sendo uma febre mundial. Ela é uma boneca atemporal que tem evoluído ao longo dos anos para se adaptar às mudanças na moda e na cultura.

Essa é a história de como a Barbie se tornou uma febre mundial. Ela é uma boneca icônica que continua a encantar crianças de todas as idades.

Barbie: A Febre do Mundo em 2023

No ano de 2023, a Barbie continua a ser uma verdadeira febre mundial, encantando crianças e adultos com seu espírito inovador e sua capacidade de adaptação perfeita às tendências contemporâneas. Ao longo dos anos, ela evoluiu em todos os aspectos, mostrando que é possível estar sempre em sintonia com os tempos modernos.

Barbie é muito mais do que uma boneca; ela se tornou um ícone cultural que atravessa gerações, transmitindo valores de inclusão, diversidade e autoexpressão. Neste mundo em constante mudança, a Barbie se mantém na vanguarda das tendências da moda, influenciando a cultura popular e encantando pessoas de todas as idades.

No cenário atual, a Barbie apresenta uma imagem refrescante e contemporânea. Seu cabelo, decorado com as cores ousadas e vibrantes que estão em alta, reflete a autenticidade e a busca pela individualidade. Seu guarda-roupa é uma verdadeira ode à diversidade, abrangendo uma gama de estilos que vão desde casual-chique até looks ultra-modernos e sofisticados.

Além de sua aparência deslumbrante, a Barbie em 2023 é uma inspiração para jovens empreendedores e líderes do futuro. Ela se envolve em projetos sociais, trabalhando para tornar o mundo um lugar melhor. Desde iniciativas que promovem a igualdade de gênero até campanhas de sustentabilidade, a Barbie mostra que cada indivíduo pode fazer a diferença e criar um impacto positivo na sociedade.

No universo digital, a Barbie também está no topo. Ela possui seu próprio canal no YouTube, onde compartilha dicas de moda, tutoriais de maquiagem e histórias de empoderamento. Além disso, a Barbie é uma influenciadora nas redes sociais, sempre conectada com seus fãs e seguidores, inspirando-os a sonhar e acreditar que qualquer coisa é possível.

Apesar de todos esses avanços incríveis, a Barbie se mantém fiel às suas raízes. Ela ainda possui o seu charme clássico, que a tornou uma escolha tão amada por décadas. No entanto, sua capacidade de se adaptar e evoluir com a cultura e as tendências modernas a mantém sempre relevante e contemporânea.

Em 2023, Barbie continua a transcender a ideia de uma simples boneca e se transforma em um verdadeiro símbolo de determinação, estilo e sonhos. Ao embarcar em sua jornada, ela nos lembra que podemos alcançar qualquer objetivo que almejamos e mostra que a moda e a cultura estão em constante mutação, refletindo o espírito e as aspirações da nossa época.

Então, vamos celebrar essa febre mundial chamada Barbie e deixar sua inspiração nos levar a novos patamares, espalhando alegria, empoderamento e estilo por todos os cantos do mundo, porque Barbie está sempre à frente, reinventando-se e mostrando que ela é realmente a rainha da moda e da cultura em 2023.

A Eterna Magia da Barbie: Companheira de Sonhos e Inspiração

Apesar dos anos que se passaram desde a sua criação, a boneca Barbie continua a exercer uma irresistível atração em pessoas de todas as idades. Ela é mais do que uma simples boneca; é um ícone, uma figura que encarna valores e aspirações que transcendem o tempo. Mas por que, mesmo depois de todos esses anos, a Barbie ainda é tão amada e desejada por todos no momento atual? As razões são tantas quanto as histórias que ela inspirou.

Em primeiro lugar, a Barbie personifica a imaginação e a possibilidade infinita. Ela é uma tela em branco para os sonhos e desejos de cada indivíduo. Com seu guarda-roupa impecável, personalidade vibrante e habilidades variadas, a Barbie pode ser qualquer coisa que a criança deseje, seja uma destemida astronauta, uma talentosa estilista ou uma destemida líder. Sua versatilidade permite que as crianças projetem seus próprios desejos e aspirações, transformando seus mundos imaginários em realidade de forma lúdica.

Além disso, a Barbie tem uma capacidade inigualável de se reinventar ao longo do tempo. Ela cresceu e evoluiu com as gerações, se adaptando às mudanças culturais e sociais. A marca Barbie tem sabiamente abraçado a diversidade, introduzindo diferentes etnias, tipos de corpo e carreiras que inspiram a todos. Ao fazer isso, a boneca Barbie tornou-se um reflexo da sociedade moderna e uma representante de um mundo mais inclusivo.

A Barbie também é um símbolo de empoderamento para as garotas. Ela encoraja as crianças a desafiar limites, seguir seus sonhos e acreditar que podem alcançar qualquer coisa que desejem. Através de suas muitas carreiras, a Barbie transmite a mensagem de que as mulheres são capazes de conquistar o mundo dos negócios, da ciência, das artes e muito mais. Ela ajuda a dissipar estereótipos de gênero e inspira meninas a serem confiantes, determinadas e independentes.

Além disso, a qualidade e atenção aos detalhes presentes nas bonecas Barbie são incomparáveis. Desde os acessórios cuidadosamente projetados até os tecidos de alta qualidade, cada Barbie é uma peça de arte em miniatura. Essa dedicação aos detalhes cria uma experiência de brincadeira imersiva e faz com que a boneca seja mais do que um objeto, mas uma companheira de aventuras, compreendida e amada.

Por fim, a Barbie também se destaca como uma conexão emocional entre gerações. Muitos de nós temos memórias felizes de brincar com Barbies ao lado de nossas mães, tias ou irmãs mais velhas. Essa nostalgia nos lembra de momentos especiais e fortalece o vínculo entre diferentes gerações. A Barbie é atemporal e serve como um lembrete de que, embora as tendências mudem, algumas coisas, como amor, companheirismo e imaginação, permanecem constantes.

A boneca Barbie pode ter décadas de existência, mas sua popularidade continua a crescer com cada nova geração. Ela encarna a magia da infância, a inspiração para sonhar e a crença de que não há limites para o que se pode alcançar. A Barbie é mais do que uma boneca – ela é o espelho da coragem, autoexpressão e diversidade. Não é de admirar que, mesmo depois de tantos anos, seu brilho ainda resplandeça e seu encanto continue cativando corações em todo o mundo.

A evolução da Barbie: como ela mudou ao longo dos anos para se adaptar às tendências da moda e da cultura.

Era uma vez uma boneca chamada Barbie. Ela nasceu nos anos 50, quando o mundo estava passando por grandes mudanças sociais e culturais. Desde o seu surgimento, a Barbie encantava as meninas com seu visual impecável e estilo único. No entanto, como tudo na vida, ela precisava acompanhar os tempos que mudavam rapidamente.

No começo, a Barbie era uma verdadeira representante do estilo dos anos 50. Seu cabelo era perfeitamente arrumado em um coque alto e seu figurino incluía saias rodadas e cardigãs de cores vivas. Ela era a personificação da mulher perfeita da época, uma verdadeira dama.

Com a chegada dos anos 60, a cultura pop começou a ganhar força, e Barbie não ficou para trás. Seu cabelo loiro ganhou cachos soltos e seu guarda-roupa foi atualizado para refletir a moda da época. Minissaias, botas de cano alto e estampas psicodélicas se tornaram parte integrante de seu estilo. Ela se tornou uma verdadeira ícone da moda e uma inspiração para as jovens garotas da era do flower power.

Nos anos 70, Barbie se adaptou novamente. Dessa vez, ela abraçou o espírito da liberdade e da diversidade. Seu cabelo tingido e alisado refletia a tendência afro, e seu guarda-roupa ganhou roupas coloridas e cheias de franjas. Ela estava pronta para dançar nas discotecas e celebrar a era da disco music.

A década de 80 trouxe consigo um estilo exuberante e extravagante, e Barbie não poderia ficar de fora. Seus cabelos se tornaram volumosos e cheios de spray fixador, enquanto seu guarda-roupa era composto por cores neon, calças legging e ombreiras gigantes. Ela se transformou em uma verdadeira estrela do pop.

A década de 90 trouxe uma mudança na mentalidade, e Barbie se tornou cada vez mais diversa e inclusiva. Seus cabelos ganharam diferentes tonalidades e texturas, assim como sua pele. Seu guarda-roupa passou a incluir roupas esportivas, roupas de trabalho e até uniformes de diferentes profissões. Ela se tornou um símbolo de empoderamento feminino, mostrando às meninas que elas poderiam ser o que quisessem.

Hoje, Barbie continua evoluindo para refletir os tempos atuais. Seus cabelos podem ser curtos, longos, cacheados ou lisos. Seu guarda-roupa é diversificado, incluindo roupas modernas, trajes de diferentes culturas e até mesmo roupas de estilo vintage. Ela continua sendo uma inspiração para as meninas, mostrando que a moda e a cultura são feitas de mudanças constantes, e que é importante se adaptar e abraçar a diversidade.

Assim, a evolução da Barbie ao longo dos anos representa muito mais do que apenas uma mudança no estilo de uma boneca. Ela reflete as transformações da sociedade e nos lembram da importância de aceitar e abraçar as diferenças. Barbie nos ensina que a moda pode ser expressão de quem somos e nos convida a abraçar nossa própria personalidade, independentemente das tendências do momento.

A influência da Barbie na moda e na cultura pop.

A Barbie: Influência Inigualável na Moda e na Cultura Pop

A icônica Barbie tem sido muito mais do que uma simples boneca de brinquedo. Ela se tornou uma força poderosa na moda e na cultura pop, moldando tendências e definindo padrões ao longo das décadas. Sua influência inigualável continua a ressoar, encantando gerações e deixando uma marca indelével em nossa sociedade.

Desde sua criação, em 1959, a Barbie tem sido uma pionera da moda, trazendo roupas elegantes e estilos vanguardistas para o mundo do brinquedo. Com sua vasta coleção de trajes, ela tem inspirado meninas (e até meninos) a explorarem sua criatividade na forma de moda e estilo pessoal. Muitas crianças cresceram brincando de estilistas, desfilando suas bonecas com os mais variados looks, graças à inspiração que a Barbie proporcionou.

A Barbie também tem um papel fundamental na representação da diversidade na moda e na cultura pop. Ao longo dos anos, ela passou por diversas transformações, apresentando diferentes tons de pele, tipos de cabelo e estilos corporais. Essa evolução reflete a importância da inclusão e da representatividade, desafiando os padrões tradicionais de beleza e permitindo que crianças de todas as origens se vejam representadas e valorizadas.

Além disso, a Barbie inspira a autoexpressão e o empoderamento. Ela não apenas oferece uma ampla gama de roupas e acessórios, mas também incentiva as crianças a explorarem sua própria voz, criando histórias e narrativas únicas para suas bonecas. A Barbie se torna um veículo para a imaginação e para o desenvolvimento de habilidades criativas, permitindo que as crianças se expressem livremente.

Na cultura pop, a Barbie transcende o mundo dos brinquedos e se estabelece como um ícone. Ela aparece em filmes, programas de TV, músicas e até mesmo desfiles de moda. Incontáveis artistas, estilistas e designers buscam inspiração em sua estética icônica, seja em suas curvas características, seu sorriso cativante ou em suas roupas sofisticadas. A Barbie se torna um símbolo de estilo e glamour, gravando seu nome na história da moda e inspirando o universo artístico.

E não podemos esquecer dos colecionadores aficionados pela Barbie. Os adultos apaixonados por essa boneca icônica encontram nela não apenas uma peça de coleção, mas também uma forma de expressar sua devoção pela moda e pela cultura pop. Os colecionadores buscam edições limitadas, raras e exclusivas, construindo uma história pessoal com cada boneca, enriquecendo sua própria narrativa e preservando a memória da Barbie ao longo das décadas.

A Barbie continua a ser uma figura de destaque na moda e na cultura pop, trazendo inovação, diversidade e empoderamento para todos nós. Sua influência é evidente nas passarelas, nas vitrines das lojas e nas caixas de brinquedos, mas também se estende por toda a nossa sociedade, impactando a autoimagem, a criatividade e a autoestima das pessoas.

Então, vamos celebrar e aplaudir a Barbie, essa influencer eterna, que nos guia em direção a uma moda mais inclusiva, a uma cultura mais diversa e a um mundo onde a criatividade e a autoexpressão são incentivadas e valorizadas. Afinal de contas, a Barbie não é apenas uma boneca - ela é um ícone cultural que continua a nos inspirar e a moldar a forma como vemos a moda e a cultura pop.

A Ilustre Celebração da Diversidade na Linha de Bonecas Barbie:

Em um mundo que abraça a pluralidade e celebra a beleza em todas as suas formas, a lendária boneca Barbie tem se destacado como um símbolo de inclusão e representatividade. A marca tem se dedicado a romper barreiras, enriquecendo sua linha de bonecas com uma diversidade vibrante e inspiradora que reflete a beleza e a cultura de todas as pessoas.

Ao longo dos anos, a Barbie tem se adaptado à evolução da sociedade, trabalhando arduamente para romper com o estereótipo tradicional de beleza. A marca abraça uma perspectiva holística, entendendo que a beleza não tem um padrão único, mas sim inúmeras facetas que devem ser apreciadas e representadas.

A linha de bonecas Barbie agora abrange uma ampla variedade de etnias, tons de pele, tipos de cabelo, estilos corporais e deficiências, mostrando que a verdadeira beleza se manifesta de diferentes maneiras. Cada boneca conta uma história única sobre a riqueza cultural e promove a aceitação de todas as nossas diferenças.

Da Barbie Afro-descendente à Barbie Asiática, Latina, Indígena e tantas outras, cada boneca é uma celebração da diversidade étnica e cultural. Estampando penteados inspiradores, texturas de cabelo autênticas e estilos que irradiam individualidade, cada boneca Barbie abre portas para que meninas e meninos de todas as origens se vejam representados e valorizados.

Além disso, a linha de bonecas Barbie também destaca a importância da inclusão de pessoas com deficiência e necessidades especiais. A Barbie em cadeira de rodas, por exemplo, promove a ideia de acessibilidade e quebrando estigmas, enquanto a Barbie com prótese traz uma mensagem poderosa sobre superação e inclusão.

Através dessas representações diversificadas, a Barbie prova que não existem limites para a beleza. Ela inspira e encoraja as crianças a abraçarem suas características únicas, a amar a si mesmas e a encontrar a beleza em toda a sua singularidade.

O trabalho árduo da marca Barbie na promoção da diversidade e inclusão transcende os brinquedos.

Essa jornada se estende ao apoio de iniciativas educacionais, parcerias com organizações e uma incessante busca por mudanças sociais. A marca Barbie se esforça para criar uma comunidade global que abraça a diversidade e celebra a verdadeira essência de cada indivíduo.

À medida que abrimos uma nova era de respeito e compreensão, é reconfortante saber que a linha de bonecas Barbie está liderando o caminho da diversidade. A alma da Barbie é um reflexo de nossa humanidade, mostrando que todos são merecedores de amor, aceitação e representação. É uma mensagem poderosa para as futuras gerações, um lembrete de que a beleza está em todos nós, independentemente de idade, gênero, raça ou aparência.

Então, vamos aplaudir a Barbie, uma verdadeira pioneira na promoção da diversidade e inclusão. Que sua influência reverberante na indústria de brinquedos e cultura pop continue a inspirar mudanças positivas, permitindo que nossos pequenos sonhadores se sintam confiantes e amados exatamente como são. Afinal, a linha de bonecas Barbie não é apenas uma visão adorável, mas uma afirmação e um lembrete de um mundo que abraça a beleza e a diversidade em todas as suas cores e formas.

A Revolução da Barbie: Um Ícone Feminista em Busca de Sonhos e Realizações

Existem bonecas que vão além de serem meros brinquedos e se tornam verdadeiros símbolos de empoderamento. A inigualável Barbie emergiu como um ícone feminista, inspirando meninas e mulheres em todo o mundo a perseguirem seus sonhos e alcançarem grandes realizações.

Desde sua criação, a Barbie tem sido uma figura emblemática de coragem e determinação. Ela é muito mais do que um rosto bonito e um guarda-roupa encantador; ela personifica a força e a resiliência feminina. Ao longo dos anos, a Barbie evoluiu para se tornar um espelho das aspirações modernas das mulheres, desafiando estereótipos e rompendo com convenções ultrapassadas.

Uma das facetas mais empolgantes da Barbie é seu papel de modelo de carreira. Ela já foi uma pioneira em uma infinidade de profissões, mostrando às meninas que elas podem ser o que quiserem ser. Seja uma astronauta explorando o espaço, uma médica salvando vidas ou uma CEO liderando empresas de sucesso, a Barbie inspira as jovens mentes a verem um mundo de possibilidades diante delas.

A Barbie não se limita apenas aos tradicionais empregos de sucesso. Ela também encoraja as meninas a explorarem outras áreas, como a ciência, a música, a arte e o empreendedorismo. A boneca prova que os sonhos não têm limites de gênero e que uma mulher pode ser qualquer coisa que ela desejar, enquanto desafia normas sociais e empurra as fronteiras do possível.

Além disso, a Barbie não apenas representa uma carreira de sucesso, mas também defende a importância da educação e da autossuficiência. Ao longo dos anos, ela tem sido a verdadeira embaixadora do conhecimento, incentivando a busca pelo aprendizado e a valorização da inteligência. Ela nos lembra que uma mente brilhante é tão importante quanto uma aparência encantadora, e que a verdadeira beleza reside na confiança e na sabedoria.

A Barbie também tem se esforçado para transmitir mensagens de igualdade e empoderamento para as meninas. Ela apoia causas relevantes ao se envolver em iniciativas sociais, promovendo o respeito, a inclusão e a igualdade de direitos. Ela celebra e abraça a diversidade, mostrando que todas as meninas têm o direito de serem exatamente quem são, sem quaisquer limitações impostas pela sociedade.

É maravilhoso pensar na Barbie como uma verdadeira guerreira feminista, liderando a revolução da igualdade de gênero através do brilho de suas vestimentas rosa. Ela ilumina o caminho para que as meninas e mulheres se orgulhem de suas ambições, derrubando as barreiras e os preconceitos que ainda persistem nas mentes daqueles que duvidam do poder feminino.

Assim, à medida que a Barbie se reinventa continuamente, lembramos a todas as meninas que a verdadeira magia está dentro de si mesmas. Elas são capazes de quebrar as correntes da desigualdade, seguir seus sonhos com paixão e reescrever a narrativa do que significa ser uma mulher de sucesso.

A Barbie, um ícone feminista brilhante e destemido, guia-nos rumo a um futuro onde as meninas têm o poder de moldar seu próprio destino. Ela serve como uma lembrança constante de que todas as mulheres são dignas de alcançar seus objetivos e de serem heroínas de suas próprias histórias. Então, sigamos o exemplo da adorada Barbie, espalhando a mensagem de igualdade, inspiração e empoderamento a cada passo do caminho.

Barbie 2.0: A Fusão Inovadora entre Tecnologia e Imaginação

No mundo em constante evolução da tecnologia, a venerável boneca Barbie encontrou um caminho fascinante para se reinventar e se conectar com as crianças de hoje. Ao se unir às maravilhas da tecnologia, a marca Barbie oferece agora experiências inovadoras, enriquecendo a imaginação das crianças de maneiras sem precedentes.

A Barbie sempre foi uma fonte de inspiração e diversão para milhões de crianças ao longo das décadas. Com cada avanço tecnológico, a boneca icônica abraçou as possibilidades ilimitadas, transformando-se em uma verdadeira pioneira do mundo digital. Entrando na era da Barbie 2.0, a marca celebra o casamento perfeito entre a criatividade e a tecnologia.

Uma das maneiras pelas quais a Barbie tem usado a tecnologia para criar novas experiências é por meio de aplicativos interativos e jogos móveis. Essas inovações digitais transportam as crianças para universos virtuais cheios de aventuras emocionantes, desafios estimulantes e oportunidades de construir amizades virtuais. Além disso, esses jogos permitem que as crianças personalizem suas próprias Barbies digitais, explorando diferentes estilos de moda, penteados e acessórios.

Além disso, a Barbie também tem abraçado a realidade virtual e a realidade aumentada para oferecer experiências imersivas. Com dispositivos inteligentes e óculos especiais, as crianças podem entrar em cenários virtuais cativantes, onde podem interagir e realizar sonhos com sua boneca favorita. Desde a criação de desfiles de moda digitais deslumbrantes até a concepção de casas ultramodernas e elegantes para a Barbie, a tecnologia permite uma experiência verdadeiramente mágica.

Outra maneira empolgante pela qual a Barbie tem usado a tecnologia é através de bonecas com comandos de voz e recursos interativos. Essas bonecas inteligentes podem conversar, responder a perguntas e até mesmo contar histórias. Com a combinação de sensores e chips avançados, as crianças podem explorar um mundo único de interação e aprendizado, incentivando assim a imaginação e a criatividade.

Além disso, a Barbie tem se aventurado no campo da inteligência artificial, introduzindo robôs Barbie que podem aprender com as crianças e adaptar-se às suas necessidades emocionais. Esses robôs interativos são capazes de oferecer apoio e incentivo, compartilhando mensagens positivas e ajudando as crianças a abraçarem sua singularidade. Com a Barbie, as crianças têm um amigo digital confiável e inspirador ao seu lado.

Com sua transformação tecnológica, a Barbie combina a nostalgia de uma adorada boneca com as maravilhas do século XXI. Essas inovações expansivas não apenas encantam as crianças e despertam sua imaginação, mas também as prepararam para um futuro digital empoderador. Ao incorporar a tecnologia à experiência da Barbie, a marca reafirma seu compromisso incessante de educar, entreter e acompanhar o ritmo do mundo em constante mudança.

Portanto, prepare-se para mergulhar em um mundo onde a imaginação e a tecnologia se encontram. A Barbie abraça o futuro, desafia limites e inspira as crianças a explorarem seu potencial ilimitado por meio de brincadeiras interativas e imersivas. O futuro está aqui, e a Barbie está pronta para liderar o caminho na vanguarda dessa jornada incrível. Que a Barbie 2.0 continue a cativar as crianças e a criar experiências únicas, conectadas e repletas de descobertas tecnológicas.

Dando vida ao futuro: Aventuras Incríveis com a Barbie

A Barbie sempre foi sinônimo de inovação e empoderamento para gerações de meninas em todo o mundo. Com sua versatilidade, beleza e atitude inspiradora, ela conquistou corações e mentes ao longo dos anos. Mas o que o futuro reserva para essa icônica boneca? Vamos explorar juntos algumas das emocionantes possibilidades que aguardam a Barbie nos próximos anos.

1. Tecnologia Interativa: Prepare-se para se surpreender com a fusão de tecnologia e brinquedos, enquanto a Barbie se aventura em novas fronteiras. Imagine uma Barbie capaz de reconhecer e responder a comandos de voz, envolvendo as crianças em uma experiência de brincadeira verdadeiramente interativa. Ela será capaz de compartilhar histórias inspiradoras, ensinar habilidades e até mesmo aprender com suas pequenas proprietárias.

2. Realidade Virtual Imersiva: Com avanços constantes em realidade virtual, a Barbie abrirá as portas para mundos virtuais incríveis e repletos de aventuras. As crianças poderão se juntar à Barbie em incríveis escapadas em cenários digitais, explorando locais exóticos, interagindo com personagens fictícios e superando desafios emocionantes. Será uma maneira totalmente nova de mergulhar na imaginação e interatividade.

3. Sustentabilidade e Consciência Ambiental: A Barbie do futuro estará mais comprometida do que nunca com a sustentabilidade e a conscientização ambiental. Com uma nova linha de produtos eco-friendly e embalagens recicláveis, a marca Barbie dará o exemplo para uma indústria de brinquedos mais responsável. As

crianças serão incentivadas a compreender a importância da sustentabilidade desde cedo, através de uma Barbie engajada em ações sustentáveis.

4. Diversidade e Inclusão Aprofundadas: A Barbie continuará a liderar o caminho em termos de diversidade e inclusão. O futuro verá a expansão da linha de bonecas para representar ainda mais tipos de beleza, etnias e corpos diversos, celebrando cada individualidade. Além disso, haverá um crescimento na representação de diferentes habilidades e talentos, para que todas as crianças possam se sentir incluídas e representadas pela icônica boneca.

5. Empoderamento através do Empreendedorismo: A Barbie se tornará uma mentora empreendedora, inspirando meninas a explorarem suas paixões e habilidades por meio do empreendedorismo. Será criada uma série de recursos e ferramentas educacionais para ajudar as crianças a desenvolverem seu próprio negócio, desde a criação de produtos até a gestão financeira. A Barbie mostrará que o céu é o limite quando se trata de seguir seus sonhos e conquistar grandes objetivos.

Com a Barbie liderando o caminho, o futuro dos brinquedos promete ser entusiasmante, oferecendo novas experiências sensoriais e construindo uma conexão mais profunda entre as crianças e sua boneca favorita. Os limites serão desafiados, as habilidades serão aprimoradas e a imaginação será ampliada. Prepare-se para uma jornada inesquecível ao lado da Barbie, enquanto ela molda o futuro para um mundo de sonhos e possibilidades sem fim. Estamos prontos para embarcar nessa fantástica aventura – e você?

www.ingramcontent.com/pod-product-compliance
Lightning Source LLC
LaVergne TN
LVHW052043160826
845678LV00016B/3607

* 9 7 8 6 5 2 6 6 0 7 2 8 2 *